Segunda edición: agosto 2016

Traducido por Diego de los Santos

Título original: *Dit Ben Ik*
© Editorial Clavis Uitgeverij, Hasselt–Amsterdam, 2014
© De esta edición: Grupo Editorial Luis Vives, 2015

ISBN: 978-84-263-9569-6
Depósito legal: Z 1610-2014

Impreso en China

Liesbet Slegers

ESTE SOY YO

EDELVIVES

MI
CARA

ESTOS SON MIS DOS OJOS.
OJOS ABIERTOS, OJOS CERRADOS...
MIRA, ¡VEO UNA BONITA MARIPOSA!

ESTA ES MI NARIZ.
CON LA NARIZ PUEDO OLER.
MMM, ¡QUÉ BIEN HUELE LA FLOR!

ESTA ES MI BOCA.
CON LA BOCA PUEDO SONREÍR.
Y GRITAR: «¡MAMÁ!, ¡PAPÁ!».

ESTAS SON MIS DOS OREJAS.
CON LAS OREJAS PUEDO OÍR.
«¡ZUM!», ¡QUÉ RUIDO HACE EL AVIÓN!

ESTE ES MI PELO.
LLEVO EL PELO CORTO.
¡Y YA SÉ PEINARME YO SOLO!

ESTOS SON MIS DIENTES.
CON LOS DIENTES MUERDO LA GALLETA.
¡ÑAM! ¡QUÉ RICA!

MI

CUERPO

ESTA ES MI CABEZA.
PUEDO GIRARLA A LOS DOS LADOS.
¡MIRA QUÉ GORRA TAN BONITA!

ESTOS SON MIS BRAZOS.
PUEDO MOVERLOS DE ARRIBA ABAJO.
¡HOLA, PAJARITO!

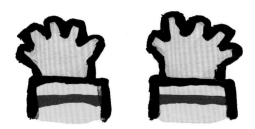

ESTAS SON MIS MANOS Y MIS DEDOS.
CON LAS MANOS AGARRO
MI MUÑECO DE PELUCHE.
¡JI, JI! ¿TE HAGO COSQUILLAS?

ESTA ES MI **BARRIGA**.
SUENA CUANDO TENGO HAMBRE.
MMM, ¡QUÉ SÁNDWICH TAN RICO!

ESTAS SON MIS **PIERNAS**.
CON ELLAS CORRO POR EL JARDÍN.
¡QUÉ RÁPIDO VOY!

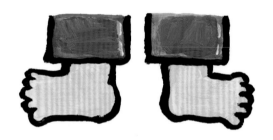

ESTOS SON MIS PIES.
TAMBIÉN TIENEN DEDOS.
DOY PATADAS EN EL SUELO CON LOS PIES.
«¡BAM, BAM!», ¡QUÉ DIVERTIDO!

MI
ROPA

ESTOS SON MIS CALZONCILLOS.
METO LAS PIERNAS Y... ¡TACHÁN!
MIRA, ¡YA ME LOS HE PUESTO!

ESTA ES MI CAMISETA.
METO LOS BRAZOS Y LA CABEZA ¡Y YA ESTÁ!
MIRA, ¡YA LA LLEVO PUESTA!

ESTE ES MI JERSEY.
METO LOS BRAZOS Y LA CABEZA ¡Y YA ESTÁ!
MIRA, ¡LLEVO UN JERSEY!

ESTOS SON MIS PANTALONES.
METO LAS PIERNAS Y ME LOS ABROCHO.
MIRA, ¡YA LLEVO PANTALONES!

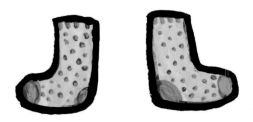

ESTOS SON MIS CALCETINES.
METO LOS PIES ¡Y LISTO!
MIRA, ¡LLEVO PUESTOS LOS CALCETINES!

Y POR FIN, MIS ZAPATOS.
METO LOS PIES ¡Y MIRA!
¡YA ESTOY VESTIDO DEL TODO!

MI
FAMILIA

HOLA, GATO.
¿PUEDO ACARICIARTE?
¡QUÉ PELO TAN SUAVE TIENES!

HOLA, PEZ.
¿PUEDO MIRARTE?
¡QUÉ BIEN NADAS POR EL AGUA!

HOLA, HERMANITA.
¿PUEDO JUGAR CONTIGO?
¡QUÉ DIVERTIDO ES ESTAR JUNTOS!

HOLA, **PAPÁ**.
¿ME LLEVAS EN HOMBROS?
¡QUÉ ALTO ESTOY!

HOLA, MAMÁ.
¿PUEDO ABRAZARTE?
¡QUÉ CALENTITO!

HOLA, MUÑECO.
¿TE VIENES CONMIGO A DORMIR?
¡ERES MI MEJOR AMIGO!